高等职业技术院校汽车类专业

汽车故障检测与诊断（第二版）习题册

中国劳动社会保障出版社

简　介

本习题册是高等职业技术院校汽车类专业教材《汽车故障检测与诊断（第二版)》的配套用书。习题册内容紧扣教材的教学要求，注重基础知识的巩固和基本能力的培养，知识点分布均衡，题型丰富，难易适当，有助于学生复习巩固所学知识。

本习题册由罗富坤主编。

图书在版编目(CIP)数据

汽车故障检测与诊断（第二版）习题册 / 罗富坤主编. -- 北京：中国劳动社会保障出版社，2019

ISBN 978-7-5167-4139-9

Ⅰ. ①汽…　Ⅱ. ①罗…　Ⅲ. ①汽车-故障检测-高等职业教育-习题集②汽车-故障诊断-高等职业教育-习题集　Ⅳ. ①U472.9-44②U472.42-44

中国版本图书馆 CIP 数据核字(2019)第 167883 号

中国劳动社会保障出版社出版发行

（北京市惠新东街 1 号　邮政编码：100029）

*

三河市潮河印业有限公司印刷装订　新华书店经销

787 毫米×1092 毫米　16 开本　3.5 印张　82 千字

2019 年 8 月第 1 版　2025 年 11 月第 8 次印刷

定价：8.00 元

营销中心电话：400-606-6496

出版社网址：http://www.class.com.cn

http://jg.class.com.cn

目　录

模块一　汽车故障检测与诊断概述

一、填空题

1. 汽车在使用过程中，由于某一种或几种原因的影响，其技术状况将随行驶里程的增加而变化，________、________、________、________将逐渐或迅速地下降，排气污染和噪声加剧，故障率增加。

2. 汽车修理方式已从传统的以________为主转向以________为主。

二、判断题

1. 汽车故障诊断是在汽车不解体（或仅卸下个别小件）的条件下，为确定汽车技术状况或查明故障的部位及原因而进行的检测、分析与判断。（　　）

2. 汽车故障是指汽车部分或完全丧失工作能力的现象，其实质是汽车零件本身或零件之间的配合状态发生了异常变化。（　　）

3. 由于使用单位和个人不了解或不严格执行车辆技术管理规定，导致车辆使用不合理，维护不定期，修理不及时，从而导致自燃故障发生。（　　）

4. 前轮定位不正确不会出现前轮振摆或跑偏。（　　）

5. 汽车电控系统的故障常用解码器来诊断，要先检查解码器诊断卡和诊断接头是否正确，仪器中蓄电池状态是否良好。（　　）

三、选择题

1. 研究汽车故障的变化规律，（　　）汽车的使用性能，及时并准确地诊断出故障部位并排除故障，已成为汽车应用技术的一项重要内容。

A. 随机检测　　B. 定期检测　　C. 随机维护　　D. 定期维护

2. 汽车故障的成因主要有自然因素和人为因素，因此，汽车故障可分为自然故障和（　　）。

A. 随机故障　　B. 人为故障　　C. 机械故障　　D. 电路故障

3. 修理电子控制电路时要注意，（　　）回路的电阻很小，接错线或连接不良都会导致严重的后果。

A. 微电压信号　　B. 电压信号　　C. 控制信号　　D. 驱动信号

4. 连接处（尤其是搭铁端）松脱和破损引起的电子故障通常比元件失效引起的故障要（　　）。

A. 大　　B. 小　　C. 多　　D. 少

5. 检查完整个回路后，应进行（　　），以确保故障症状都已消除。

A. 路试　　B. 复检　　C. 调试　　D. 测量

四、简答题

1. 要实现汽车故障快速、准确、有效的检测与诊断，必须具备哪些条件?

2. 汽车技术状况的诊断是通过检查、测量、分析、判断等一系列活动完成的，其基本方法是什么?

3. 试画出汽车故障的变化规律曲线图。

模块二　汽车发动机故障检测与诊断

课题一　起动系故障检测与诊断

一、填空题

1. 起动系一般由__________、__________、____________、________等组成。

2. 若驱动齿轮与飞轮不能啮合且有撞击声，则可能是由于驱动齿轮或飞轮齿环____________或损坏以及电磁开关接触盘____________。

二、判断题

1. 若蓄电池正负极极桩处接触不良，用手触摸极桩处应感觉发烫。（　　）

2. 起动电路工作不正常时，若起动电路中有继电器，可检查继电器的工作情况，具体操作为：电路启动时，用手触摸继电器，会有明显振动。（　　）

三、选择题

1. 蓄电池电压需大于（　　）V，才能启动发动机。这时前照灯光线强、喇叭响亮，说明蓄电池不亏电。

A. 12.3　　B. 12.8　　C. 12　　D. 11

2. 发动机做高压跳火试验时，火花塞应有（　　）火花，说明点火能量足够。

A. 红色　　B. 蓝色　　C. 白色　　D. 黄色

四、简答题

1. 发动机启动时，必须具备哪些条件？

2. 接通点火开关至起动挡，起动机和发动机都不转，应如何检测和排除故障？

课题二　点火系故障检测与诊断

一、填空题

1. 点火提前角以有__________为最佳。

2. 电子点火系统一般由蓄电池、点火线圈、__________、__________、__________、__________和点火开关等组成。

二、判断题

1. 点火系的作用是控制点火正时，为火花塞提供足够的点火能量，并能够根据发动机的转速和负荷自动调节点火时间，从而获得最好的经济性、动力性和排放性能。（　　）

2. 发动机动力性能不良、运转平稳性差、发生爆燃、易过热的现象都有可能是点火时间不当引起的。（　　）

3. 在确认低压电路各连接导线、插接器、点火线圈及点火信号发生器基本完好的情况下，可采用跳火试验法判断点火器是否有故障。（　　）

三、选择题

点火时间在压缩上止点后（　　）左右做功为最佳。

A. 30°　　B. 15°　　C. 20°　　D. 10°

四、简答题

1. 如何正确维护发动机的点火系统？

2. 由点火系故障造成发动机不能启动或启动困难的原因有哪些？应如何排除？

课题三　燃料供给系故障检测与诊断

一、填空题

1. 汽油机电子控制多点燃油喷射系统一般由汽油箱、______________、汽油滤清器、油压缓冲器（油压脉动缓冲器，可不装）、____________、油轨（分配管）、__________、空气滤清器、进/排气歧管和消音器等组成。

2. 供给系统中汽油泵、汽油压力调节器、____________、____________、____________________、空气流量计（或进气歧管绝对压力传感器）和气缸等处脏污，会造成混合气过稀故障。处理方法一般是清洗、检修、调整和更换。

二、判断题

1. 节气门开度大，即负荷大，进气歧管压力高，使回油量减少，油轨油压升高；反之，油轨油压降低。（　）

2. 喷油器的喷油规律是由发动机转速决定的，不受发动机电控单元控制。（　）

3. 当可燃混合气的浓度过高或点火过迟时，混合气在做功行程未彻底燃烧，进入排气管后继续燃烧，并产生放炮声。（　）

三、选择题

1. 燃料供给系是将油箱的燃油过滤后，泵入油轨且维持（　）kPa 的压力，在 ECU 的控制下，定时、定量给喷油器提供足够的经过真空压力调节的燃油，多余的燃油再流回油箱。

A. 100～200　　B. 200～300　　C. 300～400　　D. 400～500

2. 发动机功率下降，油耗明显偏高，且伴有发动机性能不良时，需要考虑清洗空气滤清器、燃油滤清器、喷油器和（　）。

A. 进气门　　B. 排气门　　C. 火花塞　　D. 节气门

四、简答题

发动机油耗明显偏高的故障原因有哪些？应如何排除？

课题四　怠速不良故障检测与诊断

一、填空题

1. 目前，常见的怠速空气控制方式有两种：一种是直接控制节气门全关时的最小开度，即所谓的＿＿＿＿＿＿；另一种是控制节气门旁通管路中的空气流量，即所谓的＿＿＿＿＿，其中第一种较多见。

2. 怠速控制系统主要由相关的＿＿＿＿＿、＿＿＿＿＿和＿＿＿＿＿＿＿＿＿等组成。

二、判断题

1. 发动机怠速运转时，ECM 将发动机的实际转速与由各传感信号所决定的目标转速进行比较，根据比较所得差值确定相当于目标转速的控制量，去驱动控制空气量的执行器，使怠速转速保持在目标转速附近。（　）

2. 真空助力制动系统的真空管、废气再循环系统的真空阀管、真空燃油压力调节器的真空管以及由负荷大小调节的进气歧管真空管路漏气，都会产生怠速不稳故障。（　）

三、选择题

节气门位置传感器安装在节气门轴上，与驾驶员操纵的（　）联动。它将节气门的开度转换为电信号输送给 ECU，作为 ECU 判断发动机运转工况的依据。

A. 加速踏板　　B. 制动踏板　　C. 转向器　　D. 发动机转速

四、简答题

发动机怠速不稳的原因有哪些？

课题五　加速不良、动力不足故障检测与诊断

一、填空题

1. 汽油发动机上得到广泛应用的增压方式有____________和__________两种。

2. 利用进气歧管内的动力效应的可变进气系统有两种：即_____________系统和_____________系统。

二、判断题

1. 所谓发动机增压，就是将空气进行预压缩，然后供入气缸的一种技术措施。它通过提高进气的密度来增加进气量，从而可以使发动机的功率增加。（　　）

2. 如果三元催化转换器或排气管堵塞，将会出现发动机加速无力、达不到最高车速等故障现象。（　　）

3. 发动机管理系统对高温、高压、高湿度不是十分敏感，在诊断与维修时应注意。（　　）

三、选择题

1. 三元催化转换器不仅能促进 CO、HC 的氧化，也能促进 NO_x 的还原，从而使 CO、HC 和 NO_x 三种有害成分都得到净化，生成（　　）、CO_2和 H_2O。

A. NO　　B. NO_2　　C. NO_3　　D. N_2

2. 要达到转化率高且使用寿命长的理想状况，三元催化转换器的使用温度应为（　　）℃。当温度达到 800 ~ 1 000℃时，会加速催化剂的热老化。

A. 100 ~ 200　　B. 200 ~ 300　　C. 400 ~ 800　　D. 500 ~ 600

四、简答题

1．发动机动力不足的故障原因与处理方法有哪些？

2．电控发动机故障诊断与维修的注意事项有哪些？

课题六　发动机润滑系故障检测与诊断

一、填空题

1．发动机润滑系有________、________、________、________、________、减振、降噪等功用。

2．冷却液温度低时，润滑油黏度增大，黏滞阻力增加，流动性变差，润滑油压力就会________。

二、判断题

1．汽车在运行中一旦发现润滑油压力表读数异常或润滑油压力过低，警示灯点亮，应尽快停车检查，查明原因再做处理。因为在缺失润滑油的情况下，运动部件会急剧磨损，造成发动机早期损坏。（　　）

2．油压表的油压传感器安装在主油道上，是一个常闭式油压开关，通过油压表显示主油道内的压力；油压过低报警开关安装在离主油道较远的缸盖配气凸轮轴油道上，是一个常开式油压开关，油压过低时闭合，并接通红色油压过低警示灯。（　　）

3．发动机润滑油的油压不会随发动机转速的升高而升高。（　　）

三、选择题

1．一般汽油机润滑油的正常压力应为（　　）MPa；柴油机润滑油的压力因柴油机的压缩比高，机械负荷较大而较高，一般为0.29～0.59 MPa。

A．0.1～0.2　　B．0.2～0.3　　C．0.2～0.4　　D．0.3～0.5

2．润滑油在使用过程中，由于杂质污染、燃油稀释、高温氧化、添加剂消耗或性能丧失等原因，其品质会逐渐（　　）。在外观上，还表现为颜色变黑、黏度上升或下降。

A．变好　　B．变坏　　C．不变　　D．微变

四、简答题

1．发动机润滑油油压过低的原因有哪些？应如何排除？

2. 发动机润滑油消耗过大的原因有哪些？应如何排除？

课题七　发动机冷却系故障检测与诊断

一、填空题

1. 现在的汽车广泛采用电动风扇式强制冷却系统，其电动风扇由__________或控制器控制，且配有膨胀水箱。

2. 冷却系主要由________、________、________、风扇、分水管、水套、百叶窗、水温表或水温报警器等组成。

二、判断题

1. 冷却系的功用是使发动机在所有工况下都能保持在适当的温度范围内（80～90℃），主要是防止发动机过热，一般不防止发动机过冷。 （　　）

2. 温控开关或水温传感器和控制器失效会让水温表数值不准。（　　）

三、选择题

1. 冷却系的工作原理是利用发动机带动水泵和风扇，强制使冷却液循环，配合风扇带走热量；冷却强度可根据节温器和风扇热敏控制开关自动调节，从而使发动机工作在（　　）的温度范围内，以保持发动机的正常工作状态。

A. 80℃以下　　B. 90℃左右　　C. 90℃以下　　D. 100℃以下

2. 冷却系的主要功用是利用发动机带动水泵和风扇，强制使冷却液循环，以保持发动机冷却液温度（　　）。

A. 上升　　B. 下降　　C. 不变　　D. 相对稳定

四、简答题

1. 发动机冷却液消耗过多的原因有哪些？应如何排除？

2. 发动机过热的原因有哪些？

课题八　发动机排放异常故障检测与诊断

一、填空题

1. 汽车的有害排放物中，全部 CO、NO_x 和约 60% 的 HC 都是由发动机排气管排出的。此外，________气体和________燃油蒸发的 HC 排放各约占汽车 HC 总排放的 20%。

2. 目前，汽车排放控制装置种类较多，根据控制方式不同，可将它们分为____________、____________、________________三类。

二、判断题

1. 对汽车排放的控制，即通过改善燃烧过程、降低燃烧温度、阻断曲轴箱气体和燃油蒸发排放、净化排气管废气等方式，使汽车对大气的污染减小到最低限度。（　　）

2. 空气滤清器堵塞和空燃比过浓，都会使发动机动力下降，排气管冒黑烟。（　　）

3. 在气温较低的冬季，发动机冷启动后往往冒白烟，但当发动机热机后白烟能自行消失，这是不正常的现象。（　　）

三、选择题

1. 汽车排放的控制属于机外净化装置的是（　　）。

A. 三元催化转换器　　B. 活性炭罐

C. 废气再循环装置　　D. 曲轴箱强制通风装置

2. 活性炭罐电磁阀只在（　　）负荷时打开，其他负荷时不打开。

A. 大　　B. 小　　C. 中　　D. 大、中

四、简答题

汽车在运行过程中排气管冒蓝烟，润滑油消耗量过大的原因有哪些？应如何排除？

模块三　汽车底盘故障检测与诊断

课题一　传动系故障检测与诊断

一、填空题

1. 手动变速器的常见故障部位主要有_________、_________、________、轴承、花键等。

2. 驱动桥的常见故障主要包括驱动桥________，驱动桥________和驱动桥________。

二、判断题

1. 自动变速器中没有离合器装置。（　　）

2. 变速器缺油或润滑油规格不对时，会出现发热、异响等故障。（　　）

3. 万向传动装置的常见故障是万向传动装置异响。根据其响声的部位可分为万向节响、传动轴响和中间支承响。（　　）

三、选择题

1. 根据布置方式的不同，传动系可分为发动机前置后轮驱动（FR）、发动机前置前轮驱动（FF）、发动机后置后轮驱动（RR）和四轮驱动（4 WD）。小轿车一般为（　　）布置。

A. FR　　B. FF　　C. RR　　D. 4 WD

2. 万向传动装置发出异响的根本原因是万向传动装置的连接处磨损松旷，装配不当，或传动轴弯曲等原因造成（　　）破坏，当传递较大的转矩和受到剧烈的冲击时产生异响。

A. 静平衡　　B. 动平衡　　C. 前平衡　　D. 后平衡

3. 踏板自由行程为（　　）mm，不符合要求时，通过调整螺母调整。对于离合器采用液压式操纵机构的汽车，离合器踏板自由行程的调整一般通过调整踏板上的偏心螺栓，改变主缸推杆的长度来实现。

A. 5 ~ 15　　B. 10 ~ 20　　C. 15 ~ 25　　D. 20 ~ 40

四、简答题

1. 变速器漏油的原因有哪些？应如何排除？

2．如何维护手动变速器？

课题二　自动变速器故障检测与诊断

一、填空题

1．自动变速器一般由__________、______________、____________三部分组成。

2．变速齿轮机构主要包括__________机构和__________机构两部分。

二、判断题

1．液力变矩器位于自动变速器的最前端，安装在发动机的飞轮上，起自动离合、传递并增大扭矩、柔和传力的作用。（　　）

2．变速器转速传感器 G38 的作用是获得大太阳轮转速信号，推迟点火提前角，在换挡过程中控制片式离合器和制动器油压。（　　）

三、选择题

1．自动变速器液压装置根据（　　）的指令对液力变矩器和齿轮变速器进行液压控制，实现挡位的自动转换。

A．电信号　　B．控制单元　　C．传感器信号　　D．脉冲信号

2．自动变速器电子控制单元根据各（　　）传来的汽车运行参数，通过对系统油压的控制，使各执行元件工作。

A．传感器　　B．执行器　　C．ECM　　D．ECU

四、简答题

1．电控液力自动变速器是如何工作的？

2．影响电控液力自动变速器工作的因素有哪些？

3．自动变速器换挡冲击过大的原因有哪些？

课题三　制动系故障检测与诊断

一、填空题

1．液压制动装置主要由前轮制动器、后轮制动器、________、________、制动踏板、制动管路和制动钳等组成。

2．维修制动系统时，如更换制动管路，维护制动________、________之后，必须将制动系统内的空气排净，以确保良好的制动效果。

二、判断题

1．在小型汽车上，通常装有真空助力器，利用发动机进气歧管的真空度来协助驾驶员完成制动。（　　）

2．制动时若车辆向左跑偏，为右侧车轮制动不灵；若向右跑偏，则为左侧车轮制动不灵。（　　）

3．液压制动系统放气时，由两人配合进行，一人踩住制动踏板，另一人按由远而近的顺序拧松制动分泵的放气螺钉，使旧制动液和污物排出。当储液罐内刚好没制动液时加入新制动液，再按上述方法将旧制动液彻底排净，直到新制动液流出为止。（　　）

三、选择题

1. 正常情况下，汽车每行驶（　　）km 时和制动系统维修后，应经常检查储液罐内制动液的液面高度。

A. 10 000　　B. 20 000　　C. 30 000　　D. 40 000

2. 正常情况下，汽车每使用（　　）年应更换制动液。更换新的制动液时，通常应先清洗液压制动管路。

A. 1　　B. 2　　C. 3　　D. 4

四、简答题

制动不灵（制动力不足）的原因有哪些？

课题四　ABS 故障检测与诊断

一、填空题

1. 带有 ABS 的汽车制动系统由__________系统和__________系统两部分组成。

2. 汽车制动防抱死系统（ABS）由______________、______________、______________和 ABS 警告灯等组成。

二、判断题

1. ABS 装置能使车轮始终维持在有微弱滑移的滚动状态下制动，而不会抱死，以达到提高制动效能的目的。（　　）

2. 汽车制动防抱死系统通过安装在各车轮或传动轴上的转速传感器检测各车轮的转速，由计算机算出车轮滑移率，并与理想的滑移率相比较，做出增大或减小制动器制动压力的决定，命令执行机构及时调整制动压力，以保持车轮处于理想的制动状态。（　　）

3. 带有 ABS 的车辆，包括进口车，轮速传感器头部有磁力，很容易吸附铁屑、灰尘等脏物，当 ABS 故障指示灯点亮时，应首先检查这一部位。（　　）

4. 更换或检修与调整 ABS 制动片后，若忘记紧固或装复轮速传感器，或轮速传感器间隙有误时，ABS 故障指示灯不会点亮。（　　）

三、选择题

1. 汽车制动防抱死系统通过安装在各车轮上的轮速传感器检测各车轮的转速，通常有(　　)个轮速传感器。

A. 2　　B. 4　　C. 6　　D. 8

2. 汽车制动防抱死系统安装有车速传感器，以检测车速，车速传感器一般安装在(　　)上。

A. 变速箱输入轴　　B. 变速箱输出轴　　C. 发动机输入轴　　D. 发动机输出轴

3. 当车轮有抱死趋势时，ABS ECU 给出油阀通电，使其打开，系统通过低压储液罐(　　)，有抱死趋势的车轮被释放，车轮转速开始上升。

A. 降低油压　　B. 升高油压　　C. 保持油压

4. 通过反复、循环地控制制动压力增加、保持和降低，将车轮的滑移率始终控制在(　　)左右。

A. 15%　　B. 20%　　C. 25%　　D. 30%

四、简答题

1. 简述汽车制动防抱死系统的一般工作过程。

2. 如何利用故障诊断仪读取故障码，并根据故障码进行 ABS 的故障诊断？

课题五　转向系故障检测与诊断

一、填空题

1. 汽车转向系通常由转向________、________和________三部分组成，可分为机械转向系和动力转向系两种。

2. 常用的助力装置是液压式的，主要由________、________、________、转向油罐和油管等组成。

二、判断题

1. 转向的过程为：转动转向盘，通过转向万向节把转向力传给转向器，再经过转向传动纵、横拉杆，带动转向节臂，直接偏转前轮，实现转向。（　　）

2. 动力转向的过程为：液压转向系统的液压油泵由发动机带动，根据转向器的转动方向，可改变液压油的流动方向，从而推动液压油缸中的活塞，由液压力推动转向节臂，直接偏转前轮，实现动力转向。（　　）

3. 装有动力转向系的汽车，在发动机启动后，转向助力泵的溢流阀中出现液流噪声是正常的，在噪声过大时，该噪声也不应视为故障。（　　）

三、选择题

1. 车辆行驶时转向盘发抖，可能原因是车轮动不平衡，包括（　　）动不平衡。

A. 左前轮　　B. 右前轮　　C. 后轮　　D. 前、后车轮

2. 为了操纵轻便、转向灵敏和提高行车安全，目前，高级乘用车、豪华客车和重型货车广泛采用了（　　）转向系。

A. 动力　　B. 液力　　C. 电力　　D. 人力

四、简答题

1. 造成转向盘自由行程过大的根本原因是什么？

2. 液压转向助力系统中出现转向沉重故障的原因有哪些？应如何解决？

课题六 行驶系故障检测与诊断

一、填空题

1. 行驶系主要由车架、__________、__________和__________组成。

2. 行驶系的常见故障部位主要有________、____________、____________、杆系连接处以及驱动桥的齿轮、轴承等。

二、判断题

1. 车辆平稳运行的过程为：车轮把地面的冲击和振动传给悬架，车轮和悬架吸收地面的冲击和振动，使车辆平稳运行。（ ）

2. 车架、悬架与四轮定位对车轮的运动非常敏感，尤其是汽车高速运行时，若四轮运动稍微出现不能协调一致，就会导致轮胎的非正常磨损，以及使车辆振动。（ ）

3. 车轮高速旋转时，质量不平衡会引起车轮上下跳动和横向摆振，不仅影响汽车的行驶平顺性、乘坐舒适性和操纵稳定性，而且影响行车安全。（ ）

4. 车轮定位正确与否，不会影响汽车的操纵稳定性、安全性、燃油经济性、轮胎等部件的使用寿命及驾驶员的劳动强度。（ ）

三、选择题

1. 常见的（ ）为麦弗逊式，乘用车前悬架普遍采用此结构。

A. 非独立悬架　　B. 独立悬架　　C. 非弹性悬架　　D. 弹性悬架

2. 汽车轮胎胎冠中部磨损，是由于轮胎气压长期（ ）引起的。

A. 过高　　B. 过低

C. 处于标准轮胎气压　　D. 处于非标准轮胎气压

四、简答题

1. 汽车车轮不平衡的主要原因有哪些？

2. 汽车轮胎异常磨损的原因有哪些？应如何处理？

模块四　汽车电气系统故障检测与诊断

课题一　电源系故障检测与诊断

一、填空题

1. 汽车上装有两个直流低压电源，一个是起动型____________，另一个是____________。

2. 交流发电机的结构基本相同，都是由三相________________和________________两大部分构成。

3. 用万用表直流电压挡测试发电机电压的具体操作为：用红表笔触及发电机________接线柱，黑表笔________，逐渐提高发动机转速，检查发电机电压。

二、判断题

1. 发电机是由发动机带动而发电的，蓄电池是靠内部的化学反应来存储电能和向外供电的，两个电源与全车用电设备均接成串联形式。（　　）

2. 用手触摸发电机外壳和轴承部位，若有烫手感，说明定子与转子相碰或轴承损坏，应及时更换。（　　）

3. 熔丝也称为熔断保护器，在电路中起保护作用。（　　）

4. 在装有电子线路的汽车上，可以使用“试火”的方法来判断故障。（　　）

三、选择题

1. 启动发动机时，蓄电池必须在短时间内（5 ~ 10 s）给起动机提供强大的起动电流，汽油机的起动电流为（　　）A。

A. 100 ~ 300　　B. 200 ~ 600
C. 300 ~ 500　　D. 500 ~ 1 000

2. 三相交流电经整流器整流、调压器调压后，输出相对稳定的直流电压，在正常情况下，输出电压为（　　）V 左右。

A. 12　　B. 14
C. 16　　D. 18

3. 在小电流过充电法中，若把电解液比重调整到（　　），且蓄电池容量达到额定容量的 80%，即可使用蓄电池。

A. 1.10　　B. 1.18
C. 1.28　　D. 1.31

四、简答题

1. 发电机电压调节器有什么功用？

2. 简述发电机无电流输出、故障指示灯点亮的主要原因及处理方法。

3. 发电机运转过程中产生异响的原因有哪些？应如何排除？

课题二 照明与信号系统故障检测与诊断

一、填空题

1. 汽车照明系统包括________、________、________、________、内部照明灯及其开关电路等。

2. 信号装置由转向、危险报警、______、______、______、超车等信号灯组成。

二、判断题

1. 除了行李舱灯、前顶灯、点烟器不受点火开关、车灯开关控制外，其余照明与信号

灯都受控于两开关。（　　）

2. 由于雾灯用电电流较大，因而其主电路经过中间继电器时不必再设雾灯继电器。（　　）

3. 如果汽车两侧的制动灯均不亮，应首先检查熔断器是否断路。若其正常，再检查制动灯开关处导线的电压是否正常。（　　）

4. 在电源系统正常的情况下，车灯电路接触情况的检查非常重要。车灯电路接触不良会产生接触电阻，尤其是搭铁线处。（　　）

三、选择题

1. 前照灯的远近光电路与点火开关、车灯开关、变光和超车灯开关以及电源、熔丝有关，超车时远光受控于（　　）。

A. 点火开关　　B. 变光和超车灯开关

C. 车灯开关　　D. 电子开关

2. 如果一侧制动灯亮而另一侧制动灯不亮，应先检查不亮侧的制动灯灯泡是否断路，供电电压是否正常。若两者均正常，再检查（　　）接触是否良好，灯泡与灯座接触是否良好。

A. 电源线　　B. 搭铁线　　C. 熔丝　　D. 制动开关

四、简答题

1. 前照灯的发光强度低、光线发红是什么原因？应如何处理？

2. 简述雾灯不亮的主要原因及处理方法。

3. 简述转向灯和报警灯均不工作的主要原因及处理方法。

课题三　仪表与报警系统故障检测与诊断

一、填空题

1. 仪表板上具有________、________、________、________、时钟、动态油压报警、冷却液液位报警、高温报警、燃油不足报警、停车制动、充电、后风窗加热除霜、远光指示和内照明等仪表和功能。

2. 若燃油表、润滑油压力表、水温表等仪表同时不工作时，应首先检查其熔丝和____________，然后再检查仪表板的________情况。

二、判断题

1. 各仪表及传感器可用替换法检验其工作是否良好，即用一个好的传感器替换原有的传感器，查看该仪表显示是否可以恢复正常。（　　）

2. 检查冷却液温度表传感器的具体操作为：把冷却液温度表传感器和温度表放在加热的水槽中，用标准冷却液温度表测试，加热后的电阻值与温度降低后的电阻值不会有变化。（　　）

3. 在电源系统正常的情况下，仪表电路接触情况的检查非常重要。仪表电路接触不良会产生接触电阻，尤其是搭铁线处。（　　）

三、选择题

1. 汽车仪表稳压器的电源电压应为（　　）V，否则应更换稳压器。

A. 5.5 ~6.5　　B. 7.5 ~8.5　　C. 9.5 ~10.5　　D. 11.5 ~12.5

2. 如果汽车仪表出现异常，应先检查供电电压是否正常，再检查（　　）接触是否良好。

A. 电源线　　B. 搭铁线　　C. 熔丝　　D. 连接插座

四、简答题

如何进行制动液液面报警开关的故障诊断与排除？

课题四　刮水器常见故障检测与诊断

一、填空题

1．汽车的挡风玻璃刮水与清洗系统由挡风玻璃刮水器、刮水器与洗涤器开关、________________、______________、______________、______________和喷嘴等组成。

2．汽车挡风玻璃刮水与清洗系统具有__________、__________、__________、__________和清洗玻璃 5 种功能。

二、判断题

1．通过观察汽车仪表盘上的电流表、水温表、燃油表和润滑油压力表等的指针摆动情况，不能判断电路有无故障和故障产生的部位。（　　）

2．若喇叭长鸣，说明喇叭继电器触点烧蚀而不能分开，可进一步用断路法判断。（　　）

3．若怀疑汽车电路中的某开关有故障，可用导线将该开关短接来判断其好坏。（　　）

4．对高压电路进行搭铁试火，观察电火花状况，可以判断点火系的工作情况。（　　）

5．万用表检测法不是检测电路或元件较为准确、迅速的一种方法。（　　）

6．随着汽车电气设备的日趋复杂，在维修中，特别是维修装有电子设备较多的车辆，使用一些专用的仪器是十分必要的。（　　）

三、选择题

1．用万用表测量线路各点的（　　）电压，若有电压，说明该测试点至电源间的电路导通；若无电压，说明该测试点与上一个测试点之间的电路断路。

A．直流　　B．交流　　C．脉冲　　D．接触

2．元件替换法是指在检修电路时，怀疑某些元件的性能对电路正常工作有影响，但其性能好坏一时难以确定，所以就选用（　　）的元件将其替换，利用比较的方法来判断故障的一种方法。

A．维修后　　B．性能良好　　C．新购　　D．再生

四、简答题

1．汽车电路故障检测与诊断的基本方法有哪些？

2. 在用直观诊断法诊断车辆故障时，应如何进行望、闻、切、诊？

模块五　汽车车身及附件故障检测与诊断

课题一　电动门窗故障检测与诊断

一、填空题

1．电动门窗玻璃升降器的电气部分由过热熔丝（20 A）、开关、＿＿＿＿＿继电器、＿＿＿＿继电器、直流电动机等组成。

2．汽车挡风玻璃升降器工作不正常的原因主要有两种：电路或＿＿＿＿故障；＿＿＿＿系统故障。

二、判断题

1．当点火开关置于“ON”位置时，可以使用按键式组合开关方便地控制四扇车门窗玻璃的升降，后排座位的乘客还可以使用安装在左右门上的按键开关进行单独操作。（　　）

2．驾驶员门窗玻璃升降的操作与其他门有所不同，只需要按一下下降键，车门窗玻璃即可一降到底，如需中途停下，按一下上升键即可。（　　）

3．在电动门窗玻璃升降器组合开关上设置一个搭铁总开关，可以控制所有车窗的开闭。（　　）

三、选择题

1．当点火开关关闭时，延时继电器会继续工作（　　）min，在此期间车门窗玻璃仍可起开关作用，然后自动切断地线。

A．1　　B．2　　C．3　　D．5

2．电动门窗玻璃升降时只有一个车门不能升降，应检查（　　）的连接线路、电气元件及机械传动系统是否有故障。

A．所有车门　　B．左侧两车门　　C．右侧两车门　　D．故障车门

四、简答题

汽车挡风玻璃升降器不工作的原因有哪些？应如何排查？

课题二　电动座椅故障检测与诊断

一、填空题

1. 电动座椅由座椅、__________（多个）、____________和开关等组成。
2. 汽车座椅空间位置的调整由____________来完成。

二、判断题

1. 电动座椅用的电动机为直流双向式，可正反转。根据电动座椅的功能，一般配置多个电动机，以满足不同位置和方向的调整。（　　）

2. 座椅的位置调整是通过电动机实现的，为检测各部位的位置，相应部位设置有传感器。（　　）

三、选择题

电动座椅用的电动机为直流双向式，可实现正反转。若要使其反向运转，只需把电动机（　）即可。

A. 换新　　　　B. 开关更换

C. 进行简调　　D. 正负导线对调

四、简答题

如何检测电动座椅电路或用电设备的故障？

课题三　中控门锁及防盗系统故障检测与诊断

一、填空题

1. 常见的电控车辆防盗系统有两种类型：一种是车主____________系统；另一种是_________________系统。

2. 中控门锁及防盗系统工作时通过一系列电子控制来________或________车门。

二、判断题

1. 当点火开关打开时，防盗器开始工作，防盗器控制单元通过识读线圈把能量传送给钥匙中的脉冲转发器，防盗器控制单元再核对发动机控制单元的代码是否正确。如果核对后代码不一致，发动机将在 2 s 内熄火。（　　）

2. 中央门锁控制系统一般由原厂钥匙控制与遥控辅助控制两套系统组成，使用这两套系统开启车门为正常开启，否则为非法开启。（　　）

3. 防盗报警系统通常与中控门锁控制系统配合工作，当汽车处于防盗报警功能状态时，若有人企图不用钥匙强行进入汽车或打开发动机罩、行李舱门时，防盗报警系统的各种传感器便能检测到这种信息，立刻启动防盗报警系统。（　　）

4. 如果遗失了一把合法的钥匙，为了安全起见，必须将其他所有合法钥匙重新完成一次匹配钥匙程序，使丢失在外的钥匙变为非法。（　　）

三、选择题

1. 防盗与门锁控制 ECU 通常由报警状态设置、防盗检测、定时报警和解除报警状态等控制模块组成，当锁好所有车门时，该系统会执行约（　　）s 定时检测，随后指示器开始断续闪烁，表明系统处于预警状态。

A. 10　　B. 20　　C. 30　　D. 50

2. 新配钥匙或增加钥匙数量，合法钥匙最多不能超过（　　）把。

A. 3　　B. 5　　C. 6　　D. 8

四、简答题

1. 简述防盗与门锁控制系统的工作过程。

2. 防盗系统具有自诊断功能，如果系统产生故障，相应的故障码就存储在控制单元故障记忆中，应如何用故障诊断仪来读出故障码，以方便排除故障？

课题四　SRS 故障检测与诊断

一、填空题

1. 汽车遭受________急剧变化时，安全气囊迅速膨胀，承受并缓冲驾驶员头部与身体上部产生的惯性力，从而减轻人体遭受伤害的程度。

2. 汽车安全气囊系统主要由______、____________、安全气囊指示灯、安全气囊组件等组成。

3. 安全气囊组件主要由______、______和__________组成。

二、判断题

1. 安全气囊控制单元及其安全传感器一起被制作在安全气囊控制组件中，通常安装在驾驶室变速杆前、后的装饰板下面。（　　）

2. 安全气囊控制单元的功能是接收碰撞传感器及其他各个传感器的输入信号，判断是否点火引爆气囊及预紧器，但不能对安全气囊系统的故障进行自诊断。（　　）

3. 接通点火开关时，诊断单元对系统进行自检，若安全气囊指示灯点亮 6 s 后熄灭，说明安全气囊系统正常；若6 s后，安全气囊指示灯依然闪烁或一直不熄灭，或是点火开关打开后指示灯熄灭并重新点亮，说明安全气囊系统有故障，提示驾驶员应进行维修。

（　　）

4. 在汽车遭受碰撞时，气囊一般在一次碰撞后10 ms内开始充气。气囊背面或顶部设置有2～3个排气孔，当驾驶员在惯性力作用下压在气囊上时，气囊受压后便从排气孔排气，持续时间不到1 s。（　　）

5. 驾驶员气囊安装在转向盘的中央，撞车时可保护驾驶员不被转向盘挤压而造成伤害。安全气囊一般和座椅安全带串联设计，不是并联保护。（　　）

6. 目前，大多数汽车的气囊系统线束采用黄色连接线。连接器采用了导电性能和耐久性能良好的镀金端子，并设计有防止气囊误爆机构，以保证气囊系统可靠工作。（　　）

三、选择题

1. 碰撞传感器一般安装在车身前部和中部，如车身两侧的前翼子板内侧、两侧前照灯支架下面、发动机散热器支架左右两侧等。其主要作用是检测车辆发生碰撞时的减速度或（　　），并将信号送到安全气囊控制ECU中。

A. 加速度　　B. 惯性力　　C. 车速　　D. 车重

2. 安全气囊系统有两个电源：汽车电源（蓄电池和发电机）和备用电源。备用电源电路由电源控制电路和若干电容器组成。当汽车发生碰撞导致蓄电池和发电机与气囊系统的供电电源断开时，备用电源在一定时间内，一般在（　　）s内可以维持给安全气囊系统供电。

A. 3　　B. 6　　C. 8　　D. 10

四、简答题

1. 简述安全气囊故障自诊断的过程。

2. 拆卸与更换安全气囊时要注意哪些事项？

课题五　空调系统故障检测与诊断

一、填空题

1. 汽车空调系统由________、________、________、储液干燥器、软管、加注阀等总成或零件组成。

2. 若通过空调系统观察窗看到大量的气泡，说明____________。若向冷凝器泼水，使其冷却，在观察窗仍看不到泡沫，说明制冷剂过量。

二、判断题

1. 压缩机采用电磁离合器形式，当接通电源时，电磁离合器带轮将从发动机上得到的动力传给压缩机轴，带动压缩机工作；当切断电源时，磁场消失，离合器分离，带轮空转。 (　　)

2. 冷凝器的作用是把来自压缩机的高温制冷剂气体冷凝成高压液体，并把吸收的热量排放到车外环境中去。 (　　)

3. 蒸发器安装在副驾驶员一侧手套箱下方，其功能是将经节流阀流入的制冷剂液体蒸发成气体，吸收车内热空气的热量，从而达到降温的目的。 (　　)

4. 储液干燥器安装在发动机左前方纵梁上，由过滤器、干燥剂、窥视玻璃孔、组合开关及引出管等组成。其主要功能有存储制冷剂、吸收制冷剂中的水分、过滤异物及高低压保护等。 (　　)

5. 膨胀阀的主要功能是把高温、高压的液态制冷剂节流、降压，转化为高压、低温的雾状物，送入蒸发器，并控制流向蒸发器的供液量，防止过多的液体引起阻滞现象。 （ ）

6. 水暖式暖风装置利用发动机冷却循环水的余热作为热源，并引入热交换器，由鼓风机将车厢内的空气或外部空气吹过热交换器而使其升温。 （ ）

三、选择题

1. 汽车空调系统的制冷剂为（ ）。这种制冷剂具有高渗透性、制冷能力较强、环保性能较好的特点。

A. R12　　B. R134a　　C. CO　　D. CO_2

2. 如果冷凝器表面有许多灰尘、杂物，或在冷凝器和发动机散热器之间有许多灰尘、杂物，当压缩机运转正常时，制冷效果（ ）。

A. 一般　　B. 良好　　C. 较差　　D. 无影响

3. 汽车暖风装置与制冷系统的蒸发器组成一体，与冷风（ ）使用鼓风机及壳体。暖风水箱的进水管上设置调节水阀，以实现热水从发动机分流到暖风水箱，并可调节水流量的大小。

A. 独立　　B. 分别　　C. 共同　　D. 同时

四、简答题

1. 如何用感官检查法来判断汽车空调不制冷或制冷效果不好？

2．下图为汽车空调系统的工作原理图，根据工作原理图简述汽车空调系统的工作过程。

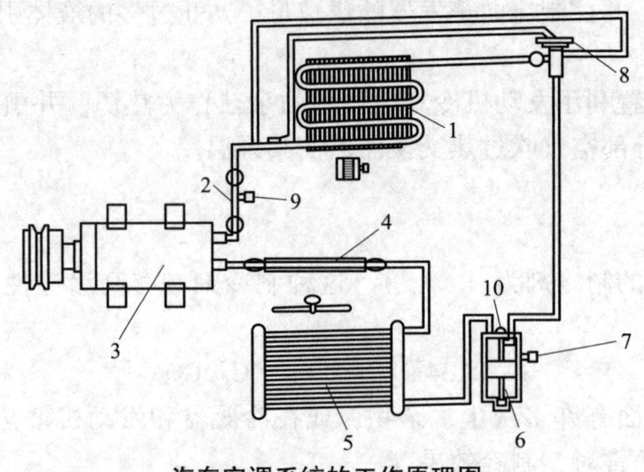

汽车空调系统的工作原理图

1—蒸发器　2—低压软管　3—压缩机　4—高压软管　5—冷凝器
6—储液干燥器　7—高压阀　8—膨胀阀　9—低压阀　10—压力开关

课题六　音响系统故障检测与诊断

一、填空题

1．汽车音响系统主要由信号源、__________和__________等组成。

2．扬声器主要是指扬声器、环绕声器等，是汽车音响系统的终端。扬声器通常由________扬声器、________扬声器、________扬声器和分频网络组成。

二、判断题

1．音响系统在汽车上是一个独立的系统，汽车音响质量和价格相差悬殊，车主可根据自己的喜好进行选装和匹配。（　　）

2．电子调谐器可以实现手动选台，不能自动搜索选台。（　　）

3．激光唱机具有自动选曲、程序重放、遥控操作等功能，且激光唱片不易磨损，曲目丰富，激光唱机目前已成为汽车音响的重要组成部分。（　　）

4．环绕声能使听众更具临场感，它利用信号延迟的方法产生环绕声效果。（　　）

5. 发现熔丝烧坏后，在未查明原因时，切忌随意更换熔丝，特别是更换与原来规格不同的熔丝，否则可能烧坏机内尚未烧坏的元器件。 ( )

6. 音响完全无声时，应检查音响电源的连接线是否折断或接触不良，扬声器的连接线是否脱落或接触不良。 ( )

三、选择题

1. 更换元器件时，一定要彻底切断（ ），确保人身安全，避免元器件受损。

A. 开关　　B. 电源　　C. 系统　　D. 连线

2. 大多数汽车收放机有 4 根外接线，其中黑色外接线为搭铁线，红色外接线为正电源线，其余分别为左、右声道扬声器引线，这类机型通常为（ ）收放机。

A. 普通　　B. 立体声　　C. 单声道　　D. 双声道

四、简答题

1. 为什么不能随便调整汽车收放机内的可调元件？

2. 汽车音响的故障检测与诊断有何规律？

模块六　汽车综合故障检测与诊断

课题一　发动机不能启动或启动困难故障检测与诊断

一、填空题

1. 电磁喷油器由 ECM 控制，在油压一定和喷油器结构参数确定的前提下，ECM 给喷油器线圈通电的时间越长，喷油器的喷油量就__________。除此之外，ECM 还能控制喷油器的__________。

2. 曲轴位置传感器通常安装在分电器轴或曲轴上，主要有__________式、__________式以及__________式等几种形式。

二、判断题

1. 造成汽车发动机不能启动的原因很多，涉及电源系统、起动系统、点火系统、燃油和空气供给系统以及发动机机械系统的技术状况，是汽车最常见的故障。（　　）

2. 对于油泵的控制，发动机不运转时，油泵也能工作。（　　）

3. 电控发动机的进/排气系统可能包含诸如废气再循环、油箱蒸发排放控制、进气增压、三元催化转换器以及二次空气喷射等装置，这些装置脏堵或泄漏，会引起发动机的启动故障。（　　）

4. 发动机控制模块 ECM 是电控系统的控制中枢，负责收集和处理各种输出信号，并计算出控制值去驱动执行元件。ECM 是高可靠性的电子元件，故障率极高。（　　）

5. 磁感应式传感器利用电磁感应现象工作，输出交变的脉冲信号。在检查这类传感器时，不仅要测量电磁线圈的电阻值，还应检查传感器间隙以及有无触发轮齿损伤等。（　　）

三、选择题

1. 电控发动机的控制系统由控制中心 ECM、（　　）和执行器组成。

A. 传感器　　B. 控制器　　C. 电位计　　D. 元器件

2. 喷油器有高阻值型和低阻值型之分。高阻值型喷油器电磁线圈的电阻值通常为（　　）Ω，在进行故障诊断时可以直接连接到 12 V 电源上。低阻值型喷油器电磁线圈的电阻值通常只有 2 ~ 3 Ω，在连接 12 V 电源时，必须串联一个限流电阻，以防止喷油器烧坏。

A. 5 ~ 7　　B. 8 ~ 10　　3. 12 ~ 17　　D. 20 ~ 24

四、简答题

1. 汽车发动机能够正常运转必须具备哪几个条件？

2. 控制模块在启动时会进行启动控制，对应的控制程序有哪些内容？

3. 发动机不能启动故障，其诊断方法和步骤有哪些？

课题二 汽车运行异响故障检测与诊断

一、判断题

1. 造成点火敲击响的主要原因是发动机爆燃，也可能是早燃。原因一般是汽油的品质差，或使用了标号较高的燃油。 （ ）

2. 一旦润滑油缺失，就会造成汽车异响。因为润滑油不仅有润滑作用，还有减振、降噪作用。 （ ）

3. 用手触摸变速箱、传动轴、驱动桥和轮毂等运动部位，看是否过热，若过热烫手则说明润滑油不缺失。 （ ）

4. 若出现因机械摩擦发出的异响，则必然会发现磨痕；若刚性连接部位异响，则必定有紧固件脱落、松动、开裂和变形等现象。（ ）

5. 对于一些柔性传动部件异响，不必按技术规定张紧，如传动带等。（ ）

6. 若发现轮胎异响，则需要检查轮胎是否有开裂、起包、变形，若无上述问题就需要做四轮定位了。（ ）

二、简答题

如何检测传动系统、悬架系统以及行驶系统的异响故障？

课题三　汽车行驶跑偏故障检测与诊断

一、判断题

1. 制动拖滞发生在汽车不制动而正常行驶时，该故障使所在车轮受到较大的阻力，使汽车向该侧跑偏。（ ）

2. 装载不均等原因会造成汽车两侧车轮受到不同的负载，从而产生不同的行驶阻力，使汽车向装载较少的一侧跑偏。（ ）

3. 轮胎磨损不一致等原因使同轴的两车轮与地面的摩擦系数不一致，使车轮受到不一致的阻力，从而造成汽车行驶跑偏。（ ）

4. 行驶跑偏不但存在安全隐患，司机驾驶时易疲劳，而且还会造成轮胎不正常磨损，导致早期损坏，从而增加运营成本。（ ）

5. 减振器漏油不会使车辆在行驶中跑偏，但会使车辆在不平路面行驶时发出异响，严重时会影响车轮定位，加速轮胎磨损，因此，维修中要多加注意。（ ）

二、简答题

造成汽车行驶跑偏的根本原因是什么？应如何处理？

课题四　汽车电子控制系统故障检测与诊断

一、填空题

1. 根据所采用的手段与方法不同，电子控制系统故障诊断的基本方法可分为________法、________法和________法三种。

2. 在对汽车电子控制系统进行故障诊断时，在进行基本检查的前提下，应遵循______________的原则。

3. 电子控制系统若有不正常情况发生，会以故障码的形式存储在 ECU 中，同时点亮____________，警示某电子控制系统发生故障，给维修人员指明诊断与维修思路。

二、判断题

1. 直观诊断法是通过人的感觉器官对车辆故障现象进行问、看、听、摸、嗅、试等初步、直观的检查。（　）

2. 利用 ECU 的自诊断功能可以读取和消除故障码，进行数据在线检测、执行器功能测试和基本设定等。（　）

3. 故障码的读取和清除可以直接用故障诊断仪进行，即按菜单引导进行读码，排除故障后清码，然后试车，若故障码再出现，说明故障已被排除。（　）

4. 利用故障诊断仪可以通过车辆 ECU 向执行器发出控制指令，使某些执行器产生动作，以测试其功能是否正常，如喷油器动作的测试、换挡电磁阀动作的测试等。（　）

5. 故障诊断仪不具有数据流功能。（　）

6. 大众系列的某些车型，在更换元器件后需要进行参数匹配，即进行基本设定。（　）

三、选择题

1. 一般来讲，不同车型和不同电子控制系统的基本组成是（　）的，都是由传感器、ECU 和执行器三部分组成。

A. 不同　　B. 相同　　C. 各异　　D. 特殊

2. 有些故障只在特定的行驶状态下出现，必须通过进行（　）的方法使故障再现，以便查明故障原因。

A. 调试　　B. 模拟　　C. 路试　　D. 假设

四、简答题

1. 如何通过人的感觉器官对车辆故障现象进行问、看、听、摸、嗅、试等初步、直观的检查？

2. 如何通过汽车电子控制系统 ECU 进行自诊断？

3. 汽车故障检测与诊断的基本流程通常按八个步骤进行，试简述“八步诊断法”。

4. 电子控制系统故障检修时的注意事项有哪些？

综合试卷（一）

一、填空题（每空1分，共10分）

1. 点火提前角以有________为最佳。

2. 冷却液温度低时，润滑油黏度增大，黏滞阻力增加，流动性________，润滑油压力就会________。

3. 汽车的有害排放物中，全部CO、NO_x和约60%的HC都是由发动机排气管排出的。此外，________气体和________燃油蒸发的HC排放各约占汽车HC总排放的20%。

4. 维修制动系统时，如更换制动管路，维护制动________、________之后，必须将制动系统内的空气排净，以确保良好的制动效果。

5. 汽车挡风玻璃升降器工作不正常的原因主要有两种：电路或________故障；________系统故障。

6. 在对汽车电子控制系统进行故障诊断时，在进行基本检查的前提下，应遵循________的原则。

二、选择题（在下列选项中选择一个正确答案并填在括号内，每题1分，共22分）

1. 修理电子控制电路时要注意，（　　）回路的电阻很小，接错线或连接不良都会导致严重的后果。

A. 微电压信号　　B. 电压信号　　C. 控制信号　　D. 驱动信号

2. 蓄电池电压需大于（　　）V，才能启动发动机。这时前照灯光线强、喇叭响亮，说明蓄电池不亏电。

A. 12.3　　B. 12.8　　C. 12　　D. 11

3. 发动机功率下降，油耗明显偏高，且伴有发动机性能不良时，需要考虑清洗空气滤清器、燃油滤清器、喷油器和（　　）。

A. 进气门　　B. 排气门　　C. 火花塞　　D. 节气门

4. 三元催化转换器的使用温度达到（　　）℃时，会加速催化剂的热老化。

A. 100～200　　B. 200～300　　C. 400～800　　D. 500～600

5. 润滑油在使用过程中，由于杂质污染、燃油稀释、高温氧化、添加剂消耗或性能丧失等原因，其品质会逐渐（　　）。在外观上，还表现为颜色变黑、黏度上升或下降。

A. 变好　　B. 变坏　　C. 不变　　D. 微变

6. 冷却系的工作原理是利用发动机带动水泵和风扇，强制使冷却液循环，配合风扇带走热量；冷却强度可根据节温器和风扇热敏控制开关自动调节，从而使发动机工作在（　　）的温度范围内，以保持发动机的正常工作状态。

A. 80℃以下　　B. 90℃左右　　C. 90℃以下　　D. 100℃以下

7. 活性炭罐电磁阀只在（　　）负荷时打开，其他负荷时不打开。

A. 大　　B. 小　　C. 中　　D. 大、中

8. 踏板自由行程为（　　）mm，不符合要求时，通过调整螺母调整。对于离合器采用液压式操纵机构的汽车，离合器踏板自由行程的调整一般通过调整踏板上的偏心螺栓，改变主缸推杆的长度来实现。

A. 5 ~ 15　　B. 10 ~ 20　　C. 15 ~ 25　　D. 20 ~ 40

9. 自动变速器液压装置根据（　　）的指令对液力变矩器和齿轮变速器进行液压控制，实现挡位的自动转换。

A. 电信号　　B. 控制单元　　C. 传感器信号　　D. 脉冲信号

10. 正常情况下，汽车每行驶（　　）km 时和制动系统维修后，应经常检查储液罐内制动液的液面高度。

A. 10 000　　B. 20 000　　C. 30 000　　D. 40 000

11. 汽车制动防抱死系统安装有车速传感器，以检测车速，车速传感器一般安装在（　　）上。

A. 变速箱输入轴　　B. 变速箱输出轴　　C. 发动机输入轴　　D. 发动机输出轴

12. 当车轮有抱死趋势时，ABS ECU 给出油阀通电，使其打开，系统通过低压储液罐（　　），有抱死趋势的车轮被释放，车轮转速开始上升。

A. 降低油压　　B. 升高油压　　C. 保持油压

13. 车辆行驶时转向盘发抖，可能原因是车轮动不平衡，包括（　　）动不平衡。

A. 左前轮　　B. 右前轮　　C. 后轮　　D. 前、后车轮

14. 汽车轮胎胎冠中部磨损，是由于轮胎气压长期（　　）引起的。

A. 过高　　B. 过低

C. 处于标准轮胎气压　　D. 处于非标准轮胎气压

15. 连接处（尤其是搭铁端）松脱和破损引起的电子故障，通常比元件失效引起的故障要（　　）。

A. 大　　B. 小　　C. 多　　D. 少

16. 元件替换法是指在检修电路时，怀疑某些元件的性能对电路正常工作有影响，但其性能好坏一时难以确定，所以就选用（　　）的元件将其替换，利用比较的方法来判断故障的一种方法。

A. 维修后　　B. 性能良好　　C. 新购　　D. 再生

17. 当点火开关关闭时，延时继电器会继续工作（　　）min，在此期间车门窗玻璃仍可起开关作用，然后自动切断地线。

A. 1　　B. 2　　C. 3　　D. 5

18. 电动座椅用的电动机为直流双向式，可实现正反转。若要使其反向运转，只需把电动机（　　）即可。

A. 换新　　B. 开关更换　　C. 进行简调　　D. 正负导线对调

19. 安全气囊系统有两个电源：汽车电源（蓄电池和发电机）和备用电源。备用电源电路由电源控制电路和若干电容器组成。当汽车发生碰撞导致蓄电池和发电机与气囊系统的供电电源断开时，备用电源在一定时间内，一般在（　　）s 内可以维持给安全气

囊系统供电。

A. 3　　B. 6　　C. 8　　D. 10

20. 如果冷凝器表面有许多灰尘、杂物，或在冷凝器和发动机散热器之间有许多灰尘、杂物，当压缩机运转正常时，制冷效果（　　）。

A. 一般　　B. 良好　　C. 较差　　D. 无影响

21. 电控发动机的控制系统由控制中心 ECM、（　　）和执行器组成。

A. 传感器　　B. 控制器　　C. 电位计　　D. 元器件

22. 有些故障只在特定的行驶状态下出现，必须通过进行（　　）的方法使故障再现，以便查明故障原因。

A. 调试　　B. 模拟　　C. 路试　　D. 假设

三、判断题（判断正误并在括号内打"√"或"×"，每题 1 分，共 25 分）

1. 由于使用单位和个人不了解或不严格执行车辆技术管理规定，导致车辆使用不合理，维护不定期，修理不及时，从而导致自燃故障发生。（　　）

2. 起动电路工作不正常时，若起动电路中有继电器，可检查继电器的工作情况，具体操作为：电路启动时，用手触摸继电器，会有明显振动。（　　）

3. 点火系的作用是控制点火正时，为火花塞提供足够的点火能量，并能够根据发动机的转速和负荷自动调节点火时间，从而获得最好的经济性、动力性和排放性能。（　　）

4. 发动机怠速运转时，ECM 将发动机的实际转速与由各传感信号所决定的目标转速进行比较，根据比较所得差值确定相当于目标转速的控制量，去驱动控制空气量的执行器，使怠速转速保持在目标转速附近。（　　）

5. 如果三元催化转换器或排气管堵塞，将会出现发动机加速无力、达不到最高车速等故障现象。（　　）

6. 发动机润滑油的油压不会随发动机转速的升高而升高。（　　）

7. 现在的汽车广泛采用电动风扇式强制冷却系统，其电动风扇由温控开关或控制器控制，且配有膨胀水箱。（　　）

8 冷却系的功用是使发动机在所有工况下都能保持在适当的温度范围内（80～90℃），主要是防止发动机过热，一般不防止发动机过冷。（　　）

9. 空气滤清器堵塞和空燃比过浓，都会使发动机动力下降，排气管冒黑烟。（　　）

10. 变速器缺油或润滑油规格不对时，会出现发热、异响等故障。（　　）

11. 液压制动系统放气时，由两人配合进行，一人踩住制动踏板，另一人按由远而近的顺序拧松制动分泵的放气螺钉，使旧制动液和污物排出。当储液罐内刚好没制动液时加入新制动液，再按上述方法将旧制动液彻底排净，直到新制动液流出为止。（　　）

12. 带有 ABS 的车辆，包括进口车，轮速传感器头部有磁力，很容易吸附铁屑、灰尘等脏物，当 ABS 故障指示灯点亮时，应首先检查这一部位。（　　）

13. 车架、悬架与四轮定位对车轮的运动非常敏感，尤其是汽车高速运行时，若四轮运动稍微出现不能协调一致，就会导致轮胎的不正常磨损，以及使车辆振动。（　　）

14. 车轮高速旋转时，质量不平衡会引起车轮上下跳动和横向摆振，不仅影响汽车的行驶平顺性、乘坐舒适性和操纵稳定性，而且影响行车安全。（　　）

15．发电机是由发动机带动而发电的，蓄电池是靠内部的化学反应来存储电能和向外供电的，两个电源与全车用电设备均接成串联形式。（ ）

16．由于雾灯用电电流较大，因而其主电路经过中间继电器时不必再设雾灯继电器。（ ）

17．各仪表及传感器可用替换法检验其工作是否良好，即用一个好的传感器替换原有的传感器，查看该仪表显示是否可以恢复正常。（ ）

18．万用表检测法不是检测电路或元件较为准确、迅速的一种方法。（ ）

19．中央门锁控制系统一般由原厂钥匙控制与遥控辅助控制两套系统组成，使用这两套系统开启车门为正常开启，否则为非法开启。（ ）

20．安全气囊控制单元的功能是接收碰撞传感器及其他各个传感器的输入信号，判断是否点火引爆气囊及预紧器，但不能对安全气囊系统的故障进行自诊断。（ ）

21．发现熔丝烧坏后，在未查明原因时，切忌随意更换熔丝，特别是更换与原来规格不同的熔丝，否则可能烧坏机内尚未烧坏的元器件。（ ）

22．发动机控制模块 ECM 是电控系统的控制中枢，负责收集和处理各种输出信号，并计算出控制值去驱动执行元件。ECM 是高可靠性的电子元件，故障率极高。（ ）

23．若出现因机械摩擦发出的异响，则必然会发现磨痕；若刚性连接部位异响，则必定有紧固件脱落、松动、开裂和变形等现象。（ ）

24．行驶跑偏不但存在安全隐患，司机驾驶时易疲劳，而且还会造成轮胎不正常磨损，导致早期损坏，从而增加运营成本。（ ）

25．利用故障诊断仪可以通过车辆 ECU 向执行器发出控制指令，使某些执行器产生动作，以测试其功能是否正常，如喷油器动作的测试、换挡电磁阀动作的测试等。（ ）

四、简答题（每小题 7 分，共 35 分）

1．发动机油耗明显偏高的故障原因有哪些？应如何排除？

2．发动机怠速不稳的原因有哪些？

3. 汽车轮胎异常磨损的原因有哪些？应如何处理？

4. 汽车电路故障检测与诊断的基本方法有哪些？

5. 下图为汽车空调系统的工作原理图，根据工作原理图简述汽车空调系统的工作过程。

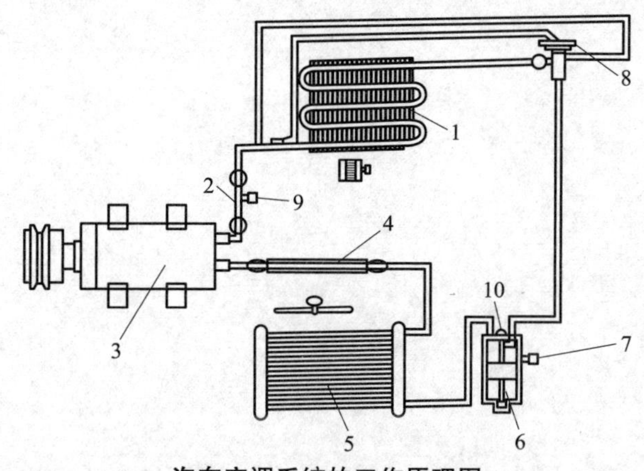

汽车空调系统的工作原理图

1—蒸发器　2—低压软管　3—压缩机　4—高压软管　5—冷凝器
6—储液干燥器　7—高压阀　8—膨胀阀　9—低压阀　10—压力开关

五、综合练习题（8 分）

如何通过人的感觉器官对车辆故障现象进行问、看、听、摸、嗅、试等初步、直观的检查？

综合试卷（二）

一、填空题（每空1分，共12分）

1. 电子点火系统一般由蓄电池、点火线圈、______________、_________、_________、________________和点火开关等组成。

2. 目前，汽车排放控制装置种类较多，根据控制方式不同，可将它们分为____________、__________、______________________三类。

3. 液压制动装置主要由前轮制动器、后轮制动器、_________、_________、制动踏板、制动管路和制动钳等组成。

4. 汽车上装有两个直流低压电源，一个是起动型____________，另一个是____________。

5. 若通过空调系统观察窗看到大量的气泡，说明_____________。若向冷凝器泼水，使其冷却，在观察窗仍看不到泡沫，说明制冷剂过量。

二、选择题（在下列选项中选择一个正确答案并填在括号内，每题1分，共20分）

1. 汽车故障的成因主要有自然因素和人为因素，因此，汽车故障可分为自然故障和（　　）。

A. 随机故障　　B. 人为故障　　C. 机械故障　　D. 电路故障

2. 发动机做高压跳火试验时，火花塞应有（　　）火花，说明点火能量足够。

A. 红色　　B. 蓝色　　C. 白色　　D. 黄色

3. 点火时间在压缩上止点后（　　）左右做功为最佳。

A. 30°　　B. 15°　　C. 20°　　D. 10°

4. 节气门位置传感器安装在节气门轴上，与驾驶员操纵的（　　）联动。它将节气门的开度转换为电信号输送给ECU，作为ECU判断发动机运转工况的依据。

A. 加速踏板　　B. 制动踏板　　C. 转向器　　D. 发动机转速

5. 一般汽油机润滑油的正常压力应为（　　）MPa；柴油机润滑油的压力因柴油机的压缩比高，机械负荷较大而较高，一般为0.29～0.59 MPa。

A. 0.1～0.2　　B. 0.2～0.3　　C. 0.2～0.4　　D. 0.3～0.5

6. 冷却系的主要功用是利用发动机带动水泵和风扇，强制使冷却液循环，以保持发动机冷却液温度（　　）。

A. 上升　　B. 下降　　C. 不变　　D. 相对稳定

7. 汽车排放的控制属于机外净化装置的是（　　）。

A. 三元催化转换器　　B. 活性炭罐

C. 废气再循环装置　　D. 曲轴箱强制通风装置

8. 万向传动装置发出异响的根本原因是万向传动装置的连接处磨损松旷，装配不当，或传动轴弯曲等原因造成（　　）破坏，当传递较大的转矩和受到剧烈的冲击时产生异响。

A．静平衡　　B．动平衡　　C．前平衡　　D．后平衡

9．自动变速器电子控制单元根据各（　　）传来的汽车运行参数，通过对系统油压的控制，使各执行元件工作。

A．传感器　　B．执行器　　C．ECM　　D．ECU

10．正常情况下，汽车每使用（　　）年应更换制动液。更换新的制动液时，通常应先清洗液压制动管路。

A．1　　B．2　　C．3　　D．4

11．汽车制动防抱死系统通过安装在各车轮上的轮速传感器检测各车轮的转速，通常有（　　）个轮速传感器。

A．2　　B．4　　C．6　　D．8

12．通过反复、循环地控制制动压力增加、保持和降低，将车轮的滑移率始终控制在（　）左右。

A．15%　　B．20%　　C．25%　　D．30%

13．为了操纵轻便、转向灵敏和提高行车安全，目前，高级乘用车、豪华客车和重型货车广泛采用了（　　）转向系。

A．动力　　B．液力　　C．电力　　D．人力

14．常见的（　　）为麦弗逊式，乘用车前悬架普遍采用此结构。

A．非独立悬架　　B．独立悬架　　C．非弹性悬架　　D．弹性悬架

15．三相交流电经整流器整流、调压器调压后，输出相对稳定的直流电压，在正常情况下，输出电压为（　　）V 左右。

A．12　　B．14　　C．16　　D．18

16．用万用表测量线路各点的（　　）电压，若有电压，说明该测试点至电源间的电路导通；若无电压，说明该测试点与上一个测试点之间的电路断路。

A．直流　　B．交流　　C．脉冲　　D．接触

17．电动门窗玻璃升降时只有一个车门不能升降，应检查（　　）的连接线路、电气元件及机械传动系统是否有故障。

A．所有车门　　B．左侧两车门　　C．右侧两车门　　D．故障车门

18．碰撞传感器一般安装在车身前部和中部，如车身两侧的前翼子板内侧、两侧前照灯支架下面、发动机散热器支架左右两侧等。其主要作用是检测车辆发生碰撞时的减速度或（　　），并将信号送到安全气囊控制 ECU 中。

A．加速度　　B．惯性力　　C．车速　　D．车重

19．更换元器件时，一定要彻底切断（　　），确保人身安全，避免元器件受损。

A．开关　　B．电源　　C．系统　　D．连线

20．喷油器有高阻值型和低阻值型之分。高阻值型喷油器电磁线圈的电阻值通常为（　　）Ω，在进行故障诊断时可以直接连接到 12 V 电源上。低阻值型喷油器电磁线圈的电阻值通常只有 2 ~ 3 Ω，在连接 12 V 电源时，必须串联一个限流电阻，以防止喷油器烧坏。

A．5 ~ 7　　B．8 ~ 10　　C．12 ~ 17　　D．20 ~ 24

三、判断题（判断正误并在括号内打“√”或“×”，每题1分，共28分）

1. 汽车故障是指汽车部分或完全丧失工作能力的现象，其实质是汽车零件本身或零件之间的配合状态发生了异常变化。 （ ）

2. 若蓄电池正负极极桩处接触不良，用手触摸极桩处应感觉发烫。 （ ）

3. 发动机动力性能不良、运转平稳性差、发生爆燃、易过热的现象都有可能是点火时间不当引起的。 （ ）

4. 真空助力制动系统的真空管、废气再循环系统的真空阀管、真空燃油压力调节器的真空管以及由负荷大小调节的进气歧管真空管路漏气，都会产生怠速不稳故障。 （ ）

5. 发动机管理系统对高温、高压、高湿度不是十分敏感，在诊断与维修时应注意。 （ ）

6. 汽车在运行中一旦发现润滑油压力表读数异常或润滑油压力过低，警示灯点亮，应尽快停车检查，查明原因再做处理。因为在缺失润滑油的情况下，运动部件会急剧磨损，造成发动机早期损坏。 （ ）

7. 冷却液温度低时，润滑油黏度增大，黏滞阻力增加，流动性变差，润滑油压力就会增大。 （ ）

8. 温控开关或水温传感器和控制器失效会让水温表数值不准。 （ ）

9. 在气温较低的冬季，发动机冷启动后往往冒白烟，但当发动机热机后白烟能自行消失，这是不正常的现象。 （ ）

10. 万向传动装置的常见故障是万向传动装置异响。根据其响声的部位可分为万向节响、传动轴响和中间支承响。 （ ）

11. 液力变矩器位于自动变速器的最前端，安装在发动机的飞轮上，起自动离合、传递并增大扭矩、柔和传力的作用。 （ ）

12. 制动时若车辆向左跑偏，为右侧车轮制动不灵；若向右跑偏，则为左侧车轮制动不灵。 （ ）

13. 更换或检修与调整ABS制动片后，若忘记紧固或装复轮速传感器，或轮速传感器间隙有误时，ABS故障指示灯不会点亮。 （ ）

14. 车辆平稳运行的过程为：车轮把地面的冲击和振动传给悬架，车轮和悬架吸收地面的冲击和振动，使车辆平稳运行。 （ ）

15. 车轮定位正确与否，不会影响汽车的操纵稳定性、安全性、燃油经济性、轮胎等部件的使用寿命及驾驶员的劳动强度。 （ ）

16. 在装有电子线路的汽车上，可以使用“试火”的方法来判断故障。 （ ）

17. 如果汽车两侧的制动灯均不亮，应首先检查熔断器是否断路。若其正常，再检查制动灯开关处导线的电压是否正常。 （ ）

18. 检查冷却液温度表传感器的具体操作为：把冷却液温度表传感器和温度表放在加热的水槽中，用标准冷却液温度表测试，加热后的电阻值与温度降低后的电阻值不会有变化。 （ ）

19. 随着汽车电气设备的日趋复杂，在维修中，特别是维修装有电子设备较多的车辆，使用一些专用的仪器是十分必要的。 （ ）

20．防盗报警系统通常与中控门锁控制系统配合工作，当汽车处于防盗报警功能状态时，若有人企图不用钥匙强行进入汽车或打开发动机罩、行李舱门时，防盗报警系统的各种传感器便能检测到这种信息，立刻启动防盗报警系统。（ ）

21．驾驶员气囊安装在转向盘的中央，撞车时可保护驾驶员不被转向盘挤压而造成伤害。安全气囊一般和座椅安全带串联设计，不是并联保护。（ ）

22．水暖式暖风装置利用发动机冷却循环水的余热作为热源，并引入热交换器，由鼓风机将车厢内的空气或外部空气吹过热交换器而使其升温。（ ）

23．音响完全无声时，应检查音响电源的连接线是否折断或接触不良，扬声器的连接线是否脱落或接触不良。（ ）

24．对于油泵的控制，发动机不运转时，油泵也能工作。（ ）

25．电控发动机的进/排气系统可能包含诸如废气再循环、油箱蒸发排放控制、进气增压、三元催化转换器以及二次空气喷射等装置，这些装置脏堵或泄漏，会引起发动机的启动故障。（ ）

26．对于一些柔性传动部件异响，不必按技术规定张紧，如传动带等。（ ）

27．减振器漏油不会使车辆在行驶中跑偏，但会使车辆在不平路面行驶时发出异响，严重时会影响车轮定位，加速轮胎磨损，因此，维修中要多加注意。（ ）

28．故障码的读取和清除可以直接用故障诊断仪进行，即按菜单引导进行读码，排除故障后清码，然后试车，若故障码再出现，说明故障已被排除。（ ）

四、简答题（每小题 6 分，共 24 分）

1．发动机启动时，必须具备哪些条件？

2．发动机动力不足的故障原因与处理方法有哪些？

3．制动不灵（制动力不足）的原因有哪些？

4．电子控制系统故障检修时的注意事项有哪些？

五、综合练习题（每小题 8 分，共 16 分）

1．电控发动机故障诊断与维修的注意事项有哪些？

2．发动机不能启动故障，其诊断方法和步骤有哪些？